AF360142

APHORISMES

Ce qui peut nous sauver, c'est la foi, c'est la Religion. Ce qui nous sauverait, ce serait l'Unité religieuse. Ce qui nous sauvera, c'est la secte qui aimera l'Unité au point d'être l'Unité en germe ; c'est la secte qui réalisera la Liberté, la Fraternité, l'Égalité, l'Unité. (PIERRE LEROUX.)

BOUSSAC

IMPRIMERIE DE PIERRE LEROUX

1849

AVERTISSEMENT.

Pendant quatre ans, sous la Monarchie, les principes exposés dans les différents ouvrages qui sont le fondement de la Doctrine de l'Humanité, et que nous présentons ici rassemblés et formulés en Aphorismes, ont réuni un certain nombre de familles, et les ont fait vivre dans une commune recherche de l'association.

Au début de cette œuvre, la Doctrine de l'Humanité basée sur la loi de la vie, sur la TRINITÉ, possédait une science de Dieu, de l'Homme, et de l'Humanité; elle affirmait le grand principe de la Solidarité humaine, elle avait foi dans la Liberté, dans la Fraternité, dans l'Égalité; elle était donc plus particulièrement Connaissance: mais elle impliquait nécessairement, pour être et Sentiment et Sensation, pour embrasser l'être tout entier, un principe politique d'organisation, une loi économique de subsistance.

C'est en face des aptitudes différentes que présente la nature humaine, c'est au milieu des obstacles de toute sorte de la vie matérielle, que le principe d'organisation et la loi de subsistance ont été découverts.

La révolution de février est venue. Elle a reconnu et proclamé le droit d'association. Un grand nombre d'associations tentent aujourd'hui de s'établir. Quelques-unes n'auront pas, comme nous, à combattre les difficultés matérielles; mais toutes échoueraient infailliblement si elles ne s'éclairaient de principes religieux, et d'une loi d'organisation et de subsistance. Le moment est venu peut-être, pour tous ceux que notre foi anime de se répandre dans le monde et d'aller y annoncer ce que nous ne craignons pas d'appeler la Bonne Nouvelle de notre temps.

Sur le point de nous consacrer entièrement à cette mission, nous avons besoin de résumer la Doctrine dans une série d'Aphorismes, qui, sans doute, demandent pour être compris de grands développements, mais qui présentent un ensemble et un enchaînement de toutes les formules qu'il faudrait autrement chercher et étudier dans un grand nombre d'ouvrages séparés.

Une autre raison nous engageait à faire ce résumé des principaux points de la Doctrine. Depuis la Révolution, les calomnies de tout genre ne nous ont pas épargnés: nous avons voulu donner une preuve manifeste de l'élévation et de la pureté de nos dogmes.

Enfin il est bon nombre des vérités soutenues et propagées par nous qui servent à parer de prétendus systèmes et à en voiler les taches et les impuretés. Ce perfide alliage de la vérité et de l'erreur disparaîtra quand ces vérités, vues à la place qu'elles doivent occuper, et qu'elles occupent en effet dans la vraie Doctrine, auront été montrées tellement attachées à la loi d'organisation que nous appelons Triade, qu'il sera impossible de les prendre à part pour en faire un usage impie.

Ce n'est point un Symbole que nous émettons. Le Symbole qu'appelle l'Humanité ne sera possible que quand un grand nombre d'hommes et de femmes pourront se réunir et convenir sur les principes d'une foi commune. Nous croyons fermement que cette foi sera celle dont nous faisons aujourd'hui profession.

En attendant ce Symbole, nous faisons œuvre individuelle et de simple proposition. Voilà le motif qui nous engage à signer un travail dont la rectitude n'a pour garantie que nos seules lumières, quoiqu'il soit toujours possible et facile de s'assurer si nous avons bien puisé aux sources.

Quant à ces sources, nous mentionnerons principalement les ouvrages suivants :

De la Doctrine du Progrès continu ou de la Perfectibilité ; — Du lien qui unit le Dix-Huitième Siècle au Dix-Septième ; — Des mystères du Christianisme (REVUE ENCYCLOPÉDIQUE, année 1834).

Articles *Certitude, Conscience, Consentement, Confession* (ENCYCLOPÉDIE NOUVELLE).

Réfutation de l'Eclectisme.

De Dieu ou de la Vie dans l'Être universel et dans les êtres particuliers (REVUE INDÉPENDANTE, troisième volume, 1842).

De l'Humanité, de son principe et de son avenir.

De l'Égalité.

Discours aux philosophes et aux politiques.

D'une Religion nationale ou du Culte.

De la Ploutocratie ou du Gouvernement des riches.

Le Carosse de M. Aguado.

De la Recherche des biens matériels.

Discours sur la Doctrine de l'Humanité.

Trilogie sur l'Institution du Dimanche.

Et en général tous les articles philosophiques de la REVUE SOCIALE.

LUC DESAGES, AUGUSTE DESMOULINS.

PRÉAMBULE.

I.

L'homme individu ne peut vivre spirituellement, moralement, matériellement, sans former société avec d'autres hommes.

Aucune société ne peut exister ni spirituellement, ni moralement, ni matériellement, sans religion.

Des êtres humains ne sauraient, en effet, vivre dans la moindre société sans convenir sur certaines vérités, sans établir parmi eux une loi commune fondée sur une certaine idée de la justice, et enfin sans accomplir eux-mêmes ou sans forcer d'autres êtres humains à accomplir pour eux un certain travail.

La connaissance de ce besoin impérieux de religion pour les hommes explique toutes les divisions et aussi tous les progrès du genre humain.

Le genre humain a toujours cherché la Religion; de là ses aspirations, ses souffrances, ses erreurs funestes. La Religion s'est successivement révélée; de là les conquêtes du genre humain, ses lumières, son perfectionnement.

Aujourd'hui, cette révélation continue et progressive de la Religion nous découvre un monde nouveau, une conception supérieure de la Vie, et la possibilité de réaliser cette conception; la génération actuelle s'agite sous l'empire de pressentiments mystérieux, et se sent entraînée par un désir irrésistible vers ce monde à venir: tout se prépare pour une immense et universelle transformation.

Aujourd'hui l'être humain connaît sa perfectibilité, et il

cherche la cité fondée sur la Liberté, la Fraternité, l'Égalité, l'Unité.

Aucune de ces choses n'est encore réalisée : de là toutes nos misères matérielles, morales, intellectuelles, misères plus grandes peut-être qu'aucunes de celles que le genre humain a endurées dans le cours de ses évolutions antérieures; mais de là aussi toutes nos grandeurs, toutes nos espérances, toutes nos lumières.

Nous ne sentons, nous ne jugeons l'étendue de notre mal présent que parceque le principe qui doit en triompher éclaire déjà nos âmes.

Nous souffrons en nous et dans tous nos semblables des cruelles atteintes de la faim et du dénuement, mais nous savons que l'Humanité doit et peut s'en affranchir;

Nous souffrons en nous et dans tous nos semblables de l'immoralité des hommes, de leur injustice, de leurs divisions; mais nous ne pouvons ainsi connaître et mesurer le mal qui est en eux que parce qu'une conception plus élevée de la Morale et de l'Organisation de la société nous éclaire;

Nous souffrons en nous et dans tous nos semblables de l'irréligion et de l'hypocrisie des hommes, de leurs ténèbres, de leur ignorance; mais nous ne pouvons voir ces choses et en être douloureusement frappés que parceque la Religion commence à luire à nos yeux.

II.

Sous le nom de DOCTRINE DE L'HUMANITÉ, nous présentons au monde un ensemble de vérités qui ne sont que le développement, approprié à notre temps, du Christianisme et de toutes les grandes religions antérieures.

La base de la Religion, c'est la TRINITÉ : la Religion, telle que nous la concevons, comprend indivisément le Dogme, la Morale ou l'Organisation Sociale, et l'Économie Politique.

La DOCTRINE DE L'HUMANITÉ est ce qu'a toujours été la Révélation, la Vie prenant conscience d'elle-même, triple et une à la fois : Dogme-Organisation-Subsistance.

Le Dogme forme la première partie de la DOCTRINE DE L'HUMANITÉ, et répond à Science;

L'Organisation forme la seconde, et répond à Morale;

La loi de Subsistance forme la troisième, et répond à Économie Politique.

Le Dogme est un ensemble de vérités touchant la vie en Dieu, dans l'Humanité, et dans la Nature, reliées ensemble par un même principe et unissant les êtres humains dans une conception commune et progressive de la Vie.

La Morale est l'association humaine telle qu'elle résulte des lois véritables de notre nature. La Morale n'est pas seulement une règle des mœurs, une loi sentie des relations sociales, c'est la société même se manifestant, c'est une Politique. Le mot Organisation exprime exactement cette idée.

L'Économie Politique est la science de la Consommation, de la Production, et de la Répartition des choses nécessaires à la vie. Elle a pour cause et pour effet cet aspect du fait universel de relation que l'on appelle nutrition. Le mot Subsistance exprime exactement cette idée.

Le résumé qui va suivre se divisera donc en trois parties.

PREMIÈRE PARTIE.

DOGME.

SOLIDARITÉ.

—

DIEU.

1. DIEU est VIE triple et une ; il est à la fois impersonnel et distinct des êtres particuliers, bien qu'immanent en chacun d'eux.

DIEU est simultanément :

ÊTRE DES ÊTRES, Puissance d'être éternelle et infinie, comprenant et portant en son sein tous les êtres, et embrassant l'Univers sous l'aspect de Totalité,

ESPRIT D'AMOUR immanent au sein de l'Être et au sein des Êtres, reliant entre elles les créatures, résumant leurs manifestations à mesure qu'elles ont lieu, les provoquant à en produire de nouvelles, pour les élever de plus en plus dans la Vie, et intervenant dans l'Univers à titre de Cause,

LUMIÈRE UNIVERSELLE créant les êtres particuliers, intervenant, à ce titre de Vie ou de Lumière Universelle, dans chacun des actes de la vie de ces êtres particuliers, pour les créer unis et se voyant, se pénétrant, et conscients d'eux-mêmes par l'homme et dans l'homme, type et résumé des créations ; et se manifestant dans l'Univers comme Existence.

DIEU, l'Infini Être, Vie triple et une, est à la fois et indivisiblement :

ÊTRE DES ÊTRES — ESPRIT D'AMOUR — LUMIÈRE UNIVERSELLE,

ou

FORCE-AMOUR-INTELLIGENCE,

ou

TOTALITÉ-CAUSE-EXISTENCE.

L'HUMANITÉ.

I.

2. L'Humanité est une espèce.

L'espèce Humanité est un être idéal composé d'une multitude d'être réels, qui sont eux-mêmes l'Humanité en germe, l'Humanité à l'état virtuel.

Chaque être humain est un être réel, dans lequel vit, à l'état virtuel, l'être idéal appelé Humanité.

Chaque être humain est l'Humanité.

II.

3. L'être humain, fait à l'image de Dieu, est, comme Dieu, triple et un.

L'être humain est sensation-sentiment-connaissance indivisiblement unis et simultanément manifestés.

De la vie dans l'être humain.

I.

4. La vie humaine à l'état latent est une *aspiration*, à l'état manifesté est une *communion*.

5. Chaque être humain s'unit avec ses semblables, avec Dieu, et avec l'Univers ; directement avec ses semblables, indirectement avec Dieu et avec l'Univers dans une communion directe avec ses semblables.

La vraie formule de la vie entre les êtres humains est celle-ci :

Aimer Dieu en soi et dans les autres.

S'aimer par Dieu dans les autres.

Aimer les autres par Dieu en soi.

Ne pas séparer Dieu, et soi, et les autres créatures.

Dieu ne se manifeste pas hors du monde, et notre vie n'est pas séparée de celle des autres créatures.

II.

6. Les êtres humains vivent spirituellement les uns des autres.

7. Ils sont solidaires.

8. La Solidarité humaine est éternelle.

9. La vie dans chaque être humain se révèle par une suite indéfinie d'existences comprenant le temps sous ses trois aspects de Passé, Présent, Futur.
L'idée de temps est adéquate à l'idée d'existence.

10. La vie future ne diffère pas en essence de la vie présente ni de la vie passée, car elle n'est que cette vie avec une nouvelle manifestation.

11. Chaque être humain est, a été, sera l'Humanité ; chaque être humain meurt et renaît, sur la terre, dans l'Humanité.

L'identité de chaque être humain et sa personnalité est jugée et conservée en Dieu, qui la transmet avec des conditions nouvelles d'existence, avec l'innéité ; ce qui crée pour chaque être humain un rapport avec ses existences antérieures et un attrait vers ses existences futures.

III.

12. L'être humain est perfectible, l'Humanité est perfectible.

13. Le but de la vie pour l'être humain est de réaliser de plus en plus dans l'Unité et la Communion l'être Humanité, et de développer cet être sous son triple aspect sensation-sentiment-connaissance.
Tout acte qui tend à cette Unité et à ce développement est absolument bon ;
Tout acte qui tend à blesser cette Unité et à entraver ce développement est relativement mauvais.
Le Bonheur est attaché à la pratique de la vie ainsi comprise.

14. La loi de la vie dans l'individu est le progrès, dont voici la formule : Changer en persistant, persister en changeant, et aspirer à réaliser de plus en plus le type idéal Humanité.

15. La loi de la vie de l'espèce et dans l'espèce est le progrès, dont voici la formule : Changer en persistant, persister en changeant, et aspirer à réaliser de plus en plus le type idéal Humanité.

16. Il y a réversibilité continuelle de la vie de l'espèce sur la vie de chaque individu ;

17. La vie de chacun des êtres particuliers sert à constituer de plus en plus la vie de l'espèce.

18. La réversibilité du progrès sauve à chaque instant tous les êtres humains.

DIEU ou la VIE UNIVERSELLE, pour qui il n'y a ni temps ni espace, et qui voit le but final de toutes choses, permet le mal et la souffrance comme des phases nécessaires par où doivent passer les créatures, pour arriver à un état de bonheur que la créature ne voit pas, et dont par conséquent elle ne jouit pas actuellement, en tant que créature, mais que Dieu voit, et dont par conséquent toute créature jouit en lui virtuellement parcequ'elle en jouira un jour.

L'UNIVERS.

I.

19. Tout ce qui existe est l'Univers. Tous les êtres, toutes les créatures qui peuplent cet Univers constituent l'Infini créé.

20. La loi de la vie dans l'Univers est la Trinité : hommes, animaux, plantes, minéraux, astres ou lumière, tout être de la nature, reflétant l'Etre infini ou Dieu, qui est lui-même la Trinité. Car la vie dans l'Univers est la pénétration dans une certaine mesure de l'Infini dans l'être particulier et fini. Cette pénétration de l'Infini dans le fini a lieu par simultanéité ; c'est-à-dire que les trois attributs renfermés dans la nature de Dieu pénètrent simultanément et indivisiblement l'être particulier ou fini.

L'intelligence se trouve ainsi partout, même dans les êtres les plus dénués d'intelligence,

L'amour se trouve de même partout, même dans les êtres les plus dénués de sentiment,

L'activité se trouve aussi partout, même dans les choses inertes.

De cette loi de la pénétration de l'Infini au sein du fini résulte à la fois l'unité et la variété de l'Univers.

De la Nutrition.

21. La Vie se nourrit des produits de la Vie, et ainsi s'accroît et se perfectionne.

22. La Vie se distingue en trois grandes manifestations, appelées règne minéral, règne végétal, règne animal.

23. L'homme forme un véritable règne à part, qui pourrait s'appeler et que quelques penseurs ont appelé règne hominal.

24. Le végétal se nourrit du minéral.

25. Le végétal se nourrit du résultat des combinaisons du minéral avec les produits ou les dépouilles des végétaux ou des animaux morts, ou avec les détritus des êtres vivants.

26. Le végétal se nourrit donc des produits de la Vie.

27. L'animal se nourrit du végétal ou de l'animal à l'état de cadavre.

28. L'animal se nourrit donc des produit de la Vie.

29. Les végétaux sont des minéraux transformés par la vie végétale.

30. Les animaux sont des végétaux transformés par la vie animale.

31. La vie animale s'élève en se greffant sur la vie animale elle-même et en se nourrissant de cette vie dans d'autres animaux.

32. Les animaux ne se nourrissent les uns des autres que parcequ'il y a des espèces et des genres.

33. L'animal, à mesure qu'il s'élève, se nourrit des espèces inférieures.

34. Les genres et les espèces sont des créations successives.

35. Des créatures de plus en plus parfaites apparaissent à mesure que la Vie succède à la Vie. C'est ainsi que sur la terre l'Humanité a succédé à l'animalité, chaque être humain étant un animal transformé par la raison et uni à l'Humanité.

DEUXIÈME PARTIE

ORGANISATION.

TRIADE.

Le Couple et la Société.

36. L'être humain en tant qu'individu, voilà une première manifestation de l'Homme-Humanité.

La Famille, voilà une seconde manifestation de l'Homme-Humanité.

La Société, voilà une troisième manifestation de l'Homme-Humanité.

37. La Société est cet être, à la fois idéal et réel, par lequel se manifestent le lien de tous les hommes, la Solidarité Humaine, l'Humanité, et qui a pour types. pour causes, et pour résumés la femme et l'homme.

La Société est le milieu naturel, créé par l'homme et la femme, à l'image de l'homme et de la femme, et où doivent être assurés la procréation, le développement, et la vie normale de l'homme et de la femme.

38. L'homme et la femme sont semblables en tant qu'êtres humains.

39. L'homme et la femme sont égaux en tant qu'êtres humains.

40. L'homme et la femme sont divers quant à la procréation de l'espèce.

41. L'homme et la femme ont été créés divers afin de s'unir pour la procréation de l'espèce.

42. L'homme et la femme s'unissent dans le Couple, qui complète l'homme et la femme et dont ils sont les deux faces égales.

43. L'homme et la femme ne se manifestent réellement

et ne doivent se manifester moralement comme sexe que par le Couple et dans le Couple.

44. Le Couple est la manifestation la plus intime, la plus profonde, la plus mystérieuse de cette loi qui fait le semblable objet du semblable.

45. Le Couple est divin : le Couple est créateur.

L'Amour et le Mariage.

46. Par l'Amour à l'état d'aspiration, l'homme et la femme sont amant et amante.

47. Par l'Amour à l'état de manifestation, c'est-à-dire par le Mariage, l'homme et la femme sont époux et épouse.

48. L'époux et l'épouse sont égaux dans le Mariage.

49. La loi du Mariage est l'Amour stable.

50. La loi de l'Amour n'est pas d'aimer uniquement, dans l'amant ou dans l'amante, dans l'époux ou dans l'épouse, l'être particulier avec ses dons et ses grâces ;

51. La loi de l'Amour est d'aimer aussi, dans l'être particulier, l'espèce manifestée homme ou femme, et capable d'acquérir tous les dons et toutes les grâces.

52. La loi de l'Amour n'est pas le désillusionnement à cause des défauts et des imperfections.

53. La loi de l'Amour est la constance malgré les défauts et les imperfections.

Car la Perfectibilité est la loi de tout être.

Mais la cessation de l'Amour, la séparation et le divorce équivalent à la mort avant la mort.

54. Le divorce est une règle exceptionnelle et temporaire ; il est contraire à l'Idéal.

L'État Social.

Associons-nous suivant les lois de la TRINITÉ SAINTE, et nous serons heureux. Avec Pythagore et tous les penseurs qui ont éclairé et guidé l'Humanité, nous en jurons par Celui qui a donné à notre âme l'Unité dans la Triplicité, source de l'Éternelle Nature.

55. L'être humain, étant triple et un, manifeste la trinité de son être dans son langage, dans toutes ses expressions, dans tous ses actes, dans toutes ses créations.

56. La Destination, le Devoir, le Droit de tout être humain sont exprimés dans ce premier TERNAIRE sans lequel la nature humaine n'est point satisfaite, sans lequel il n'y a point de personnalité :

PROPRIÉTÉ-FAMILLE-CITÉ ;

répondant à

Sensation-Sentiment-Connaissance.

57. Le Droit et le Devoir dans la Cité ont pour base fondamentale et pour dogme ce second TERNAIRE, qui exprime dans son essence même la vie sociale :

LIBERTÉ-FRATERNITÉ-ÉGALITÉ ;

répondant à

Sensation-Sentiment-Connaissance.

58. Le Droit et le Devoir dans la Cité ont pour expression ce troisième TERNAIRE, qui détermine la condition des êtres humains à l'état social :

CITOYENS-ASSOCIÉS-FONCTIONNAIRES ;

répondant à

Liberté-Fraternité-Égalité.

La Propriété.

59. La Propriété, triple et une, répond en prédominance à la sensation. Sous ce rapport de la sensation, la Propriété est la possession et l'usage des choses nécessaires à la Subsistance.

La Propriété répond aussi au sentiment ; sous ce rapport elle est la possession et l'usage de distinctions honorifiques, que la Société devra créer, et qui seront attribuées suivant la Proposition, le Choix, et l'Acclamation des Citoyens.

La Propriété répond enfin à connaissance ; sous ce rapport elle est la possession et l'usage d'une Fonction.

La Famille.

60. La Famille répond en prédominance au sentiment.
La Famille est la manifestation du Couple ; elle résulte du Mariage.

61. La Famille est triple et une ; elle a pour cause réelle, bien que mystérieuse et cachée, et pour fin ce TERNAIRE :

PÈRE-MÈRE-ENFANT ;

répondant à

Connaissance-Sentiment-Sensation.

62. L'enfant est en premier lieu au père et à la mère, car il est d'eux et d'une certaine façon il est eux ;
L'enfant est également à la Société, car il ne vient pas au monde sans la protection et le support de la Société ; il est reçu par la Société.

63. L'enfant n'est pas seulement un être nouveau, fruit de l'amour du père et de la mère ; c'est un être humain qui a déjà vécu, et qui porte en lui le type de l'espèce Humanité.

64. Le droit et le devoir du père et de la mère à l'égard de l'enfant se combinent avec le droit et le devoir de la Société à l'égard de ce même enfant.

65. L'enfant est confié aux soins de la Famille jusqu'à l'âge de sept ans.
Néanmoins la Société intervient dès les plus tendres années de l'enfant dans les soins de la Famille à titre de soulagement, au moyen de ce qu'on peut appeler Crèches et Salles de première éducation.

66. L'être humain à l'état d'enfant n'est point libre au même titre que l'homme, car il n'a pas en lui la raison et les moyens d'exercer sa liberté ; l'être humain à l'état d'enfant est mineur.

67. L'être humain enfant est destiné à entrer dans la Société comme citoyen, associé, fonctionnaire : son Instruction, son Éducation, son Apprentissage appartiennent donc à la Société, mais ont lieu sans détruire ses rapports journaliers avec la Famille.

68. L'être humain, à l'âge déterminé pour la majorité, est libre, car il a en lui la raison et les moyens d'exercer sa liberté.

L'Etat a usé envers l'enfant de son droit de persuasion et d'éducation ; devenu majeur, l'homme relève de lui-même comme pensée ; il est citoyen ; il jouit de la Liberté de Conscience et de la Liberté de la Presse.

La Cité.

69. La Cité répond en prédominance à connaissance. La Cité, sous ce rapport, s'appelle République.

70. La Cité est triple et une ; elle comprend indivisiblement

LE CITOYEN — LA COMMUNE — L'ÉTAT.

La Cité est le milieu où se manifestent indivisiblement la Liberté, la Fraternité, l'Egalité.

La Liberté.

71. La Liberté est principalement le droit pour tout être humain de vivre en se manifestant ; le droit d'agir, le droit de se développer conformément à sa nature et à ses facultés prédominantes, droit qui, pour être en plein exercice, ne peut jamais dépendre d'une condition où l'homme est subordonné à l'homme, ou exploité par l'homme. La Liberté implique directement pour chacun le droit de concourir comme Citoyen à la création du gouvernement de la Cité.

La Fraternité.

72. La Fraternité est le sentiment qui cimente l'Association où les êtres humains sont libres et égaux, en les pénétrant de leur commune origine, de leur Solidarité. La Fraternité est le lien qui unit la Liberté, ou le droit de chacun, et l'Egalité, ou le droit de tous, et montre leur identité au fond.

L'Égalité.

73. L'Égalité est le droit qu'ont tous les êtres humains semblables, sensation-sentiment-connaissance, d'être placés dans des conditions semblables; de jouir des mêmes biens en rapport avec les besoins et les facultés de leur être, de n'être dans aucun cas ni obéis ni commandés. L'Égalité, c'est le droit et la justice considérés dans tous.

74. La Liberté, la Fraternité, l'Égalité s'impliquent. Chacune d'elles prise à part ne peut exister et n'existe que de nom ou d'aspiration, quand les deux autres ne sont pas réalisées.

75. La Liberté, la Fraternité, l'Égalité organisées rendent tous les êtres humains CITOYENS-ASSOCIÉS-FONCTIONNAIRES.

Des Citoyens et de la Souveraineté du Peuple.

76. Les Citoyens se composent de Tous, de Quelques-Uns, et de Chacun.

77. La Souveraineté est la Puissance; elle réside, en principe, en Dieu, et, après Dieu, dans l'esprit humain, dans la raison humaine, et se manifeste indivisiblement par Chacun, Quelques-Uns, et Tous. Elle est la lumière donnée à Chacun, à Quelques-Uns, et à Tous; elle est la cause qui rend possible le Peuple et légitime le gouvernement du Peuple, en faisant concourir Chacun—Quelques-Uns—Tous.

Chacun—Quelques-Uns—Tous indivisiblement unis par le nombre, par l'amour et par la science, tel est le vrai Souverain après Dieu.

78. La Souveraineté est inaliénable, imprescriptible, intransmissible.

79. Elle est en essence et en virtualité le Législateur.

80. Elle est à chaque moment à l'état latent dans Chacun, à l'état d'expansion dans Quelques-Uns, à l'état de manifestation dans Tous.

Le terme Chacun représente l'Individu, le terme Quelques-Uns forme la Commune, le terme Tous donne lieu à l'État.

81. CHACUN—QUELQUES-UNS—TOUS créent l'Association.

De l'Association.

82. Tout être humain, pour être libre, frère, et égal dans
a Cité, doit être associé avec d'autres êtres humains conformément à ses prédominances et à ses attraits légitimes.

Tout être humain est membre d'une Famille, tout être
humain a des Amis, tout être humain fait partie d'un Atelier, et entre dans cet Atelier à titre d'Associé.

83. La base de l'Association dans l'Atelier, c'est le Compagnonage ;

La base du Compagnonage, c'est l'Amitié ;

La base et la loi de l'Amitié, c'est la Triade.

DE LA TRIADE.

84. La Triade est ou naturelle ou organique.

85. La Triade naturelle est l'amitié de trois êtres humains
représentant chacun en prédominance l'une des trois faces
ou facultés de notre être, l'un la Sensation, l'autre le Sentiment, le troisième la Connaissance.

Car bien que tout être humain soit dans tous ses actes
sensation-sentiment-connaissance indivisiblement unis,
chacun de nous est, à cause de ses grâces naturelles, à
cause de ses innéités, c'est-à-dire abstraction faite de tout
acte et par prédisposition, en prédominance, ou Connaissance, ou Sentiment, ou Sensation.

De même encore, suivant la nature de l'acte accompli, la
Sensation, ou le Sentiment, ou la Connaissance prédomine.

Mais les hommes, prenant leur prédominance pour leur
être tout entier, exagèrent cette prédominance au point de
devenir des monstres de la Connaissance, des monstres du
Sentiment, des monstres de la Sensation.

La Triade naturelle, réalisant par trois êtres humains
l'union de trois prédominances différentes, est la véritable
loi morale ; elle corrige les tendances de chacun vers le développement excessif d'une de ses facultés, elle ramène
chacun vers l'unité de son être, vers sa véritable personnalité.

86. La Triade est la véritable loi de l'Attraction se réalisant par l'Amitié.

Car, entre les êtres humains, l'Attraction n'est autre chose que cette loi qui fait le semblable objet du semblable.

La Triade est donc, après le Mariage, une seconde manifestation sociale et organisatrice de la loi de communion et de nutrition spirituelle de l'Humanité.

De la Triade organique.

87. La Triade organique est l'association de trois êtres humains, représentant chacun en prédominance l'une des trois faces de notre nature, l'un la Sensation, l'autre le Sentiment, le troisième la Connaissance, dans une fonction sociale quelconque.

88. La Trinité étant dans notre être, étant ce qui constitue notre être, se réfléchit dans tous nos ouvrages, se marque dans toutes nos œuvres.

Toute Fonction est triple et une, est trois fonctions en une; toute fonction a trois faces, et répond par l'une à la Sensation, par l'autre au Sentiment, par la troisième à la Connaissance.

Tout être humain, s'appliquant isolément à une Fonction, tend à n'exercer dans la Fonction triple et une que la face qui répond à sa prédominance.

L'élément social du travail n'est donc pas un individu, mais trois individus ou la Triade.

89. Toute fonction, soit industrielle, soit artistique, soit scientifique donne lieu à trois Ateliers.

La fonction et l'instrument de la Fonction sont remis dans leur unité à toutes les Triades associées pour la Fonction.

De la Triade Directrice.

90. Chacun des trois Ateliers auxquels donne lieu la Fonction est représenté quant à la demande par une TRIADE DIRECTRICE.

91. La Triade Directrice est formée par l'élection.

92. Chacun des trois Ateliers auxquels donne lieu la Fonction élit l'un de ses membres pour faire partie de la Triade Directrice.

Le principe de la Triade détruit le despotisme. Le despotisme est venu de ce que la Fonction ou le travail a toujours été abandonné à un seul; de ce que Un commande, en tant que Un à Un ou à Plusieurs individus; de ce que Un possède, en tant que Un, les instruments de la Fonction.

Du Un commandant à Un ou à Plusieurs résulte le despot'sme par voie directe.

Du Un possédant, en tant que Un, l'instrument de la Fonction résulte le despotisme par voie indirecte.

L'opposé du Un ou du despotisme, c'est donc la Triade.

Des Fonctionnaires.

93. L'être humain sensation-sentiment-connaissance se manifestant par le travail crée l'Industrie, l'Art, la Science.

94. L'Industrie est l'expression de la vie humaine en prédominance de Sensation et l'application des forces de l'homme à la terre, et aux différents objets que fournit la nature pour la production des choses nécessaires à la satisfaction de nos besoins, et au développement de nos facultés.

95. L'Art est l'expression de la vie humaine en prédominance de Sentiment. Les harmonies du langage, du son, de la lumière, de la couleur, des formes, et du mouvement, se révèlent à nous par l'Art, et lui servent à manifester par des Symboles les passions et les désirs de l'âme humaine dans son ardente aspiration vers le Beau.

96. La Science est la manifestation de la vie humaine en prédominance de Connaissance. C'est la révélation successive que fait la Vie en nous de la VIE UNIVERSELLE. C'est par elle que nous prenons conscience de l'existence des êtres particuliers qui nous environnent, et en même temps des lois générales auxquelles ils sont soumis. C'est par elle enfin que nous pouvons de plus en plus remonter vers la Cause Suprême. Par la Science nous nous mettons en rapport indirect avec les Corps et avec les Forces et en rapport direct avec les Causes.

Par la trinité Industrie-Art-Science. l'Humanité approprie chaque jour un plus grand nombre de Corps à son usage, soumet chaque jour plus de Forces, et s'élève chaque jour davantage vers Dieu, accomplissant sa fonction sublime dans la vie générale, qui est de continuer en la perfectionnant l'œuvre de la Nature.

97. Toute Industrie, tout Art, toute Science se divise naturellement en trois Fonctions, et appelle des Fonctionnaires en Triades.

98. La Triade est le principe d'Organisation dans l'Industrie, dans l'Art, et dans la Science.

99. Dans la Société, les Fonctionnaires se distinguent naturellement en trois ordres égaux : les Industriels, les Artistes, les Savants.

La Commune et l'État.

100. La Commune est l'association de Quelques-Uns occupant une portion déterminée de territoire et formant un Atelier d'Industrie, un Atelier d'Art, un Atelier de Science, reliés et administrés par un triple Pouvoir émanant de l'élection directe des associés.

101. L'État est l'expression et la garantie des droits de Tous. Il relie ensemble toutes les Communes, et manifeste l'Unité de l'Industrie, de l'Art, et de la Science.

102. Le même principe qui organise l'Atelier organise la Commune et l'Etat ; ce principe, c'est la Triade ou l'Ordre Ternaire.

103. La Commune dans son administration est triple et une.

104. L'administration de la Commune comprend indivisément :

1° Une Triade administrative ;

2° Une ou plusieurs Triades éducatrices, chargées de l'Éducation des hommes et des femmes à l'état de minorité naturelle et donnée par l'âge ; une Triade judiciaire chargée de la répression des délits, c'est-à-dire de l'Éducation des hommes et des femmes à l'état de minorité légale et résultant d'actes qualifiés délits. La fonction judiciaire implique trois fonctions : celle d'Accusateur public, celle de Défenseur ou Ministre de Grâce, et celle de juge du fait ou Jury. Les Triades de l'ordre Judiciaire-Éducateur fonctionnent sous l'inspiration du Pouvoir Judiciaire-Éducateur, conformément au Programme qu'il détermine, et conformément aux lois générales;

3° Une Triade législative :

Ces Triades sont nommées directement par les Citoyens réunis dans la Commune;

4° Une Gérance formée en Triade et se composant de : un membre élu par les Fonctionnaires administratifs, un autre membre élu par les Fonctionnaires judiciaires-éducateurs, un troisième membre élu par les Fonctionnaires législatifs. Cette Triade établit l'unité entre les trois ordres de fonctions, et a le soin des rapports extérieurs de la Commune.

105. L'État, comme la Souveraineté dont il émane, est triple et un. Il comprend indivisément trois ordres de fonctions ou Pouvoirs :

1° Le Pouvoir Administratif et Exécutif, c'est-à-dire le Pouvoir chargé de satisfaire à la consommation générale en faisant la demande au Travail, de faciliter, d'étendre la production, et de veiller à ce qu'il soit fait entre toutes les Communes une juste répartition des produits industriels, artistiques et scientifiques. Il exprime la Loi;

2° Le Pouvoir Judiciaire-Educateur, c'est-à-dire le Pouvoir chargé de préparer la matière de l'Education et de veiller à l'application des lois;

3° Le Pouvoir Législatif, c'est-à-dire le Pouvoir chargé de la confection des lois générales.

106. Chacun de ces Pouvoirs sort directement de l'Élection de tous les Citoyens.

107. A la tête de l'État, et réalisant l'Unité des trois Pouvoirs nommés par le Peuple, est une Gérance composée indivisément de trois membres nommés : l'un par les Fonctionnaires de l'ordre administratif, l'autre par les Fonctionnaires de l'ordre judiciaire-éducateur, le troisième par les Fonctionnaires de l'ordre législatif. Cette Triade a le soin des rapports extérieurs de l'Etat.

108. La fonction d'administrateur, de juge-éducateur, ou de législateur est triple et une comme toute autre fonction, car tout acte d'administration générale, toute loi, tout principe de justice et d'éducation doit satisfaire aux trois points de vue de l'Industrie, de l'Art, et de la Science.

Chaque Citoyen ou Souverain ne doit donc pas nommer

aux Pouvoirs de l'État un seul Administrateur, un seul Juge-Éducateur, et un seul Législateur, mais trois Fonctionnaires de chaque ordre; chaque Citoyen ou Souverain doit nommer pour chaque ordre de fonction un représentant pris parmi les Industriels, un autre représentant pris parmi les Artistes, un troisième représentant pris parmi les Savants.

De l'Élection.

109. L'Élection est en essence triple et une. Elle a trois termes: 1° la Proposition, 2° le Choix, 3° l'Acclamation. La Proposition émane plus particulièrement de Chacun et du vote de Chacun, le Choix résulte de l'inspiration et de l'initiative donnée par Quelques-Uns, l'Acclamation résulte de l'acceptation tacite ou expresse de Tous.

—

DE L'ÉDUCATION.

110. L'Éducation est triple et une : elle comprend la Gymnastique, l'Education proprement dite, et l'Instruction.

111. La Gymnastique embrasse tous les soins hygiéniques; c'est l'art de développer les sens et les facultés corporelles au moyen d'une série graduée d'exercices.

Elle donne lieu à l'Atelier des Gymnastes.

112. L'Éducation est l'art de nourrir et de développer les facultés morales à l'aide d'enseignements puisés dans la vie passée et présente de l'Humanité. Elle distingue les prédominances diverses des Elèves, et favorise la formation des Triades Naturelles.

Elle donne lieu à l'Atelier des Éducateurs.

113. L'Instruction est l'art de nourrir et de développer les facultés intellectuelles au moyen de la Science.

Elle donne lieu à l'Atelier des Professeurs.

114. Le Pouvoir Judiciaire-Éducateur de la Commune organise l'Éducation, et préside à la composition de l'Atelier d'Education.

115. L'Atelier d'Éducation se compose de trois Ateliers unis dans la Fonction :

1° L'Atelier des Triades de Gymnastes;

2° L'Atelier des Triades d'Éducateurs;

3° L'Atelier des Triades de Professeurs.

Les Triades de Gymnastes élisent un Gymnaste.

Les Triades d'Éducateurs élisent un Éducateur.

Les Triades de Professeurs élisent un Professeur.

La Triade Directrice de l'Atelier d'Éducation est donc ainsi composée :

UN PROFESSEUR — UN ÉDUCATEUR — UN GYMNASTE

indivisiblement unis dans l'unité de la Fonction.

De l'Apprentissage.

116. L'Apprentissage est l'initiation à une Fonction, soit industrielle, soit artistique, soit scientifique.

117. L'Atelier d'Education dirige l'Apprentissage.

—

DU CULTE.

La Religion et la Philosophie ne diffèrent pas en essence. La Philosophie est une Religion qui se cherche, la Religion est une Philosophie qui se connaît.

118. Le Culte est la manifestation de la Religion, 1° par les Institutions, 2° par la vie sociale même, 3° par un ensemble de Cérémonies symboliques et de Fêtes religieuses. Le Culte, sous ce rapport, est en premier lieu la Prière et la Communion, ou acte de fraternisation.

119. La Naissance, la Triade Naturelle, l'Initiation (à un certain âge), le Mariage, la Communion, la Mort, donnent lieu à des Signes ou Cérémonies du Culte.

120. Les adeptes de la DOCTRINE DE L'HUMANITÉ célébreront le Dimanche comme le jour consacré à Dieu, comme le jour consacré au repos, à la Liberté, à la Fraternité, à l'Egalité ; comme le jour social par excellence.

Le Dimanche, tel que nous l'instituons, a pour but de rappeler l'Egalité *en chacun de nous*, dans notre être tout entier, en nous mettant en possession de l'unité de notre être.

Le Dimanche, tel que nous l'instituons, a pour but de rappeler l'Egalité, telle qu'elle doit exister *entre nous*, dans nos relations individuelles, dans nos rapports les uns avec les autres, en nous en montrant l'efficacité pour notre propre bonheur, attendu que, par le fait même de la trinité de notre être, nous ne sommes pas seulement semblables, et doués de la même nature, mais unis les uns aux autres dans une même vie.

Le Dimanche, tel que nous l'instituons, a pour but de rappeler l'Egalité, telle qu'elle doit exister *parmi nous*, dans nos relations sociales, dans nos rapports comme Citoyens et Fonctionnaires, en nous montrant cette Egalité réalisée, et en nous servant à la réaliser avec plus de perfection de semaine en semaine.

121. Le Dimanche est le jour du REPAS COMMUN, symbole de la Communion. La Communion est la réalisation de la Fraternité humaine, de l'unité de l'esprit humain, et de la solidarité réciproque des hommes. Le Repas commun est le signe qui exprime et symbolise l'idée que les hommes vivent tous de la même vie, que les pensées des uns servent à nourrir les autres, qu'ainsi la vie du genre humain consiste dans une assimilation véritable que les générations nouvelles font des produits des générations antérieures, se nourrissant pour ainsi dire de la vie et de la substance de leurs pères, et que c'est là la loi générale de manifestation et de nutrition de la vie au sein de toutes les créatures. Le Repas commun exprime et symbolise les idées précédentes généralisées dans celle-ci : Dieu, l'Etre universel est le milieu de cette manifestation de la vie au sein de toutes les créatures; c'est de lui qu'elles vivent et se nourrissent, puisqu'il intervient dans toutes à trois titres, comme créateur, comme vivificateur, et comme lien qui les unit et les rapproche.

122. Le Dimanche est le jour de la prédication et de la Prière en commun.

———

TROISIÈME PARTIE

SUBSISTANCE.

CIRCULUS.

I.

123. La Subsistance humaine est infinie en vertu de la fécondité infinie de toutes les espèces, et par le don fait à l'homme de pouvoir profiter de toute la Nature.

124. La Subsistance humaine, étant, par essence, infinie, n'est rare que par la faute du genre humain.

125. La Consommation est le but de la Production, mais elle en est aussi la cause.

126. La Nature a établi un CIRCULUS entre la Production et la Consommation.

L'homme s'empare des plantes et des animaux, de tous les produits de la vie que la terre lui donne; il les mange, et sa vie en est augmentée. Mais ce qu'il ne peut s'assimiler passe à l'égard de son être à l'état de détritus, d'excréments; ces détritus, ces excréments sont un produit animal, un composé de forces et de sucs, qui, retournant à la terre, et se combinant avec elle, la rendent fertile et productive.

Ce qui a lieu pour l'homme est une loi qui s'applique à tous les animaux. En outre les cadavres de ces animaux, les détritus de toutes les plantes, les dépouilles de tous les êtres, qui ont vécu, servent, ont servi et serviront, en se combinant, et en se mêlant à la terre, à la rendre fertile et productive :

La Science a établi que les excréments de l'homme sont DOUZE FOIS plus utiles pour la production des céréales que ceux des animaux. Elle a prouvé que *chaque homme produisait l'engrais nécessaire à la reproduction de sa subsistance.*

127. L'homme est donc à la fois Producteur et Consommateur.

II.

128. De par la Nature tout homme a droit de vivre; s'il consomme, il produit.

Ainsi l'enfant qui ne travaille pas encore, le vieillard qui ne travaille plus, l'infirme qui ne peut travailler, ont, outre le droit humain, un droit naturel à invoquer, et ce droit est fondé sur la loi divine que nous appelons Circulus.

129. L'homme qui se refuserait au travail aurait encore le droit de vivre, en se mettant à l'abri sous la loi du Circulus; seulement il ne serait plus ni Citoyen, ni Associé, ni Fonctionnaire.

III.

130. La loi en vertu de laquelle Dieu a établi pour tout être, au sein de la nature, un CIRCULUS entre la Consommation et la Reproduction de sa Subsistance, est également vraie pour le travail social. Aucun acte n'a lieu dans l'Atelier humain qui ne soit à la fois Consommation et Production.

A la lumière de cette loi, favorisée par elle, l'association satisfait les besoins de l'individu, dirige le travail collectif, et rétribue les Fonctionnaires.

Des Besoins de l'Individu.

131. Tous les besoins de l'Individu se rapportent à ceux-ci : Naître, Engendrer, Se Conserver.
Naître donne lieu à la Société, à la Patrie,
Engendrer donne lieu à la Famille,
Se Conserver donne lieu à la Propriété.

De la Conservation de l'Existence.

I.

Pour se conserver en dépit de l'action destructive qu'exerce à chaque instant sur lui la Nature par les alternatives de chaleur et de froidure, par l'air, par la lumière, par l'électricité, par la faim et la soif; en un mot pour défendre son corps de l'invasion continuelle de tous corps étrangers, et pour échapper à l'absorption incessante que tentent sur lui tous les milieux qu'il traverse, l'homme a besoin de s'abriter, de se nourrir, de se vêtir.

132. Tous les besoins auxquels donne lieu, pour l'Individu, la nécessité de sa conservation se rapportent à ces trois choses : l'Habitation, la Nourriture, le Vêtement.

II.

133. L'activité humaine, s'exerçant en vue de la satisfaction de ces besoins, crée le Travail et les relations qu'il fait naître et entretient.

134. L'Association humaine, profitant de la fécondité infinie de la Nature, profitant aussi du travail accompli par toute l'Humanité depuis ses premiers âges jusqu'à nous, secondée par les efforts de tous ses membres, donne à chaque individu, par la participation à l'héritage commun et par le travail, les moyens de se procurer l'Habitation, la Nourriture, et le Vêtement.

III.

135. Chaque être humain a droit à l'Habitation, à la Nourriture, et au Vêtement.

Le droit de Chacun à ces choses est limité par le droit de Tous.

136. Chacun et Tous ont droit de participer à tous les avantages de la Société.

137. Chacun et Tous ont le droit et le devoir d'exercer une Fonction dans la Société.

138. Chacun et tous ont droit à la Propriété.

139. La Propriété est le droit naturel pour chacun d'user d'une chose déterminée, de la façon que la Loi détermine.

Du Travail.

140. Le Travail est une manifestation de la vie de chaque être humain, soit par l'Industrie, soit par l'Art, soit par la Science.

La Société, le milieu collectif est le champ et le centre du travail de chaque homme ; c'est d'elle que chaque homme emprunte la science qu'il applique, les instruments qu'il employe, la matière qu'il transforme ; c'est d'elle réellement qu'il tire tous ses moyens de produire. Dans tout fait de production le milieu social tout entier intervient à titre de détenteur des instruments de travail et des matières premières, à titre d'inspirateur, à titre de répartiteur.

141. Tout fait de production, dans la Société humaine, est le résultat d'une communion semblable à cette communion universelle qui est la loi générale de manifestation et de nutrition de la vie au sein de toutes les créatures.

142. Le Travail imposé par la Nature, demandé par la Société, entretient et nourrit matériellement, moralement et spirituellement la Société.

143. Le Travail demandé par la Société à l'Industriel, à l'Artiste, au Savant, crée l'Association entre les Industriels, entre les Artistes, entre les Savants.

Il crée du même coup l'Association entre l'Industriel, l'Artiste, et le Savant.

144. Le Travail a trois termes :

1° Un terme qui répond au Passé, et qui représente la science, la tradition, les inventions successives de la pensée humaine relativement au produit demandé ; qui représente aussi la matière transformée par un travail antérieur en vue de ce produit. Jusqu'ici ce terme, expression d'une puissance éminemment sociale, puisqu'il manifeste l'association universelle des hommes dans le temps et dans l'espace, a été appelé improprement *Capital* (*Caput*, tête, chef). La force sociale qu'il exprime a été mise aux mains de quelques particuliers par suite des conquêtes et du système féodal, et y a été maintenue en l'absence du droit fondé sur l'E-galité, la Fraternité, la Liberté. Elle serait mieux exprimée par les termes généraux d'*Instruments de travail, Engrais, Science ;*

2° Un terme qui répond à l'avenir, et qui représente la force vivante de l'homme appliquée aux différents objets de la Nature ; ce terme a été appelé *Travail* d'une façon abs-traite, il serait mieux nommé *Travailleur ;*

3° Un terme qui répond au présent et qui représente le

fonds sur lequel l'*Homme, le Travailleur,* s'exerce à l'aide d'instruments, la *Terre* ou une *Matière* quelconque que le travail doit transformer.

La formule du Travail est donc : *Science, Engrais, Instruments,* répondant au passé, *Travailleur,* répondant à l'avenir, *Terre, Matériaux,* répondant au présent.

Cette formule est celle de tout travail humain ; elle embrasse l'Industrie sous tous ses aspects d'agriculture et d'industrie proprement dite, l'Art sous tous ses aspects de poésie, de musique, et d'arts plastiques, et la Science sous tous ses aspects de philosophie, de sciences historiques et politiques ou d'organisation, et de sciences naturelles, comprenant les mathématiques, la chimie, la physique, et toutes les sciences d'observation et de raisonnement.

145. De la conception et de l'idée même du Travail par rapport à la Société naît ce Ternaire qui est toute la Science Economique :

Répartition — Production — Consommation ,

répondant à

Connaissance — Sentiment — Sensation.

De la Répartition.

Le Travail, sous cet aspect de *Science,* d'*Engrais,* d'*Instruments de travail, de produits* créés, prêts à entrer dans de nouveaux rapports, et prêts à créer des produits nouveaux, donne lieu à une branche de l'administration qui, sous le nom de crédit et de commerce, a été laissée aux particuliers. Ce que l'Etat a connu de cette partie de l'administration s'est borné à l'impôt, et l'administration sociale n'a eu jusqu'ici pour objet que de déterminer l'assiette et l'emploi de l'impôt.

Les trois idées représentées par les mots crédit, commerce, impôt, s'unissent dans la véritable science économique. Le terme Répartition les comprend toutes trois.

146. La Répartition est l'acte par lequel le Pouvoir administratif préside au partage général des produits et des instruments de travail, soit industriels, soit artistiques, soit scientifiques.

De la Production.

147. La Production, accomplie sur la demande de l'Administration, doit satisfaire les besoins présents et prévoir les besoins à venir; elle doit, dans tous les cas, être maintenue par le Travail au niveau de la Consommation.

De la Consommation.

148. La Consommation est à la fois l'expression des besoins et l'appel aux produits.

De la Rétribution des Fonctionnaires.

149. La formule de rétribution est triple et une :
A Chacun suivant sa Capacité.
A Chacun suivant son Travail.
A Chacun suivant ses Besoins..

150. La Capacité se rétribue par la Fonction, et impose la Fonction.

151. Le Travail accompli se rétribue par le Loisir.

152. Le Besoin est satisfait par des Produits, soit naturels ou industriels, soit artistiques, soit scientifiques.

153. C'est ainsi qu'en distinguant ce qui doit être distingué, savoir 1° nos besoins proprement dits, 2° notre besoin de loisir ou de liberté, et 3° notre besoin de Fonction ou d'influence légitime sur nos semblables, et en satisfaisant ces trois demandes de notre nature comme elles doivent être satisfaites, en les payant d'une monnaie particulière, pour ainsi dire, répondant à la demande, et non pas comme on le fait aujourd'hui confusément et sans distinction par ce qu'on appelle argent et propriété, nous arrivons à mettre fin à une erreur infinie : *infiniti erroris finis et terminus ultimus.*

Imprimerie de Pierre Leroux, à Boussac (Creuse).